이 책은
MBTI를 통해
나를 이해하고
친구를 이해하고픈
　　　　　의
책입니다

1판 1쇄 인쇄 | 2023년 12월 19일 **1판 1쇄 발행** | 2023년 12월 28일
원작 | 에익쿠 **만화 구성** | 박지영(옥토끼 스튜디오)
발행인 | 심정섭 **편집인** | 안예남
편집팀장 | 최영미 **편집** | 이선민
표지 및 본문 디자인 | 이혜원
브랜드마케팅 | 김지선
출판마케팅 | 홍성현, 김호현 **제작** | 정수호

발행처 | 서울문화사
출판등록일 | 1988년 2월 16일 **등록번호** | 제2-484
주소 | 서울특별시 용산구 새창로 221-19(한강로2가)
전화 | 02-791-0708(구입) 02-799-9171(편집) 02-790-5922(팩스)
출력 | 덕일인쇄사 **인쇄처** | 에스엠그린

ISBN 979-11-6923-863-2
　　　979-11-6923-862-5 (세트)

ⓒ에익쿠. ALL RIGHTS RESERVED.
ⓒSANDBOX NETWORK Inc. ALL RIGHTS RESERVED.

#공감100%
#MBTI #유쾌발랄 #에피소드

에익쿠 MBTI ①

슬기로운 학교생활

원작 **에익쿠** 감수 **샌드박스네트워크**

서울문화사

소개합니다

에익쿠

유쾌 발랄! MBTI 애니메이션. 16가지의 MBTI를 캐릭터화해, 일상에서 일어나는 다양한 MBTI별 상황을 유튜브 채널에서 귀여운 그림체로 만날 수 있어요. <에익쿠 MBTI 1> 만화에서는 에익쿠 친구들의 즐거운 학교 에피소드를 볼 수 있습니다.

MBTI란?

내 성격은 어떤 모양인지 궁금한 적이 있었나요? 우리는 모두 다 다른 사람들이라 생김새도 성격도 다 다르죠. 사람의 성격을 표현하는 MBTI에는 총 16가지의 유형이 있다고 해요. 과연 내 MBTI는 무엇일까요? 자세한 설명은 'MBTI 성격 유형이란?' 48쪽에서 함께 찾아 보아요.

ISTJ	ISFJ	INFJ	INTJ
ISTP	ISFP	INFP	INTP
ESTP	ESFP	ENFP	ENTP
ESTJ	ESFJ	ENFJ	ENTJ

 궁금해 MBTI

프롤로그. 초간단 MBTI 알아보기 · 12

01. 10초 만에 자기소개하기(1) · 16

02. 10초 만에 자기소개하기(2) · 22

03. MBTI 각양각색 등굣길 · 30

04. 물망초 반의 아침 인사 · 38

☆ MBTI 성격 유형이란? · 48

02 두근두근 MBTI 학교생활

01. 물망초 반의 친구 사귀기 · 52

02. 쉿! 지금은 시험공부 중 · 56

03. 두근두근 시험 시간 · 66

04. 재미로 보는 유형별 공부법 · 76

05. 물망초 반의 하굣길 · 84

☆ MBTI별 같은 상황 다른 반응 · 92

상큼발랄 MBTI 친구들

01. 즐거운 급식 시간(1) · 98

02. 즐거운 급식 시간(2) · 104

03. 한여름 밤의 수련회 · 110

04. 방과 후 또 와 분식집 · 124

05. Trick or treat 핼러윈 데이 · 134

06. N끼리만 모였을 때 · 142

07. 우리들의 단체 사진 · 152

☆ 에익쿠 MBTI 공감 Shorts · 158

부록 에익쿠 MBTI 친구들 소개 · 162

프롤로그

초간단 MBTI 알아보기

약속 후, 집으로 돌아갈 때

E유형 VS I유형

오늘 진짜 재미있었어.

E: 외향형
✓ 사람을 만나면 에너지가 가득 차는 유형.

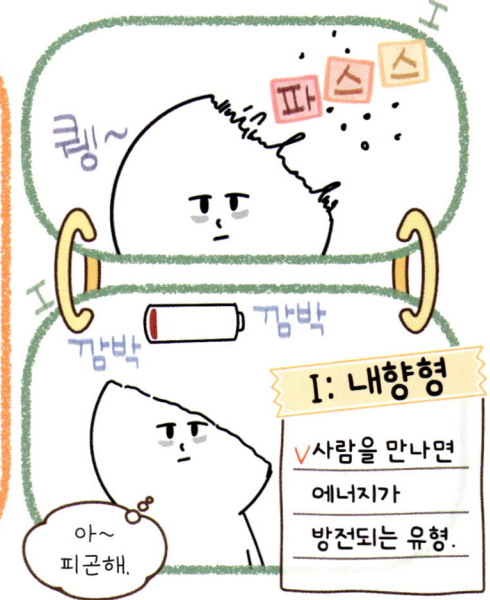

아~ 피곤해.

I: 내향형
✓ 사람을 만나면 에너지가 방전되는 유형.

 # 10초 만에 자기소개하기(1)

10초 만에 자기소개하기(2)

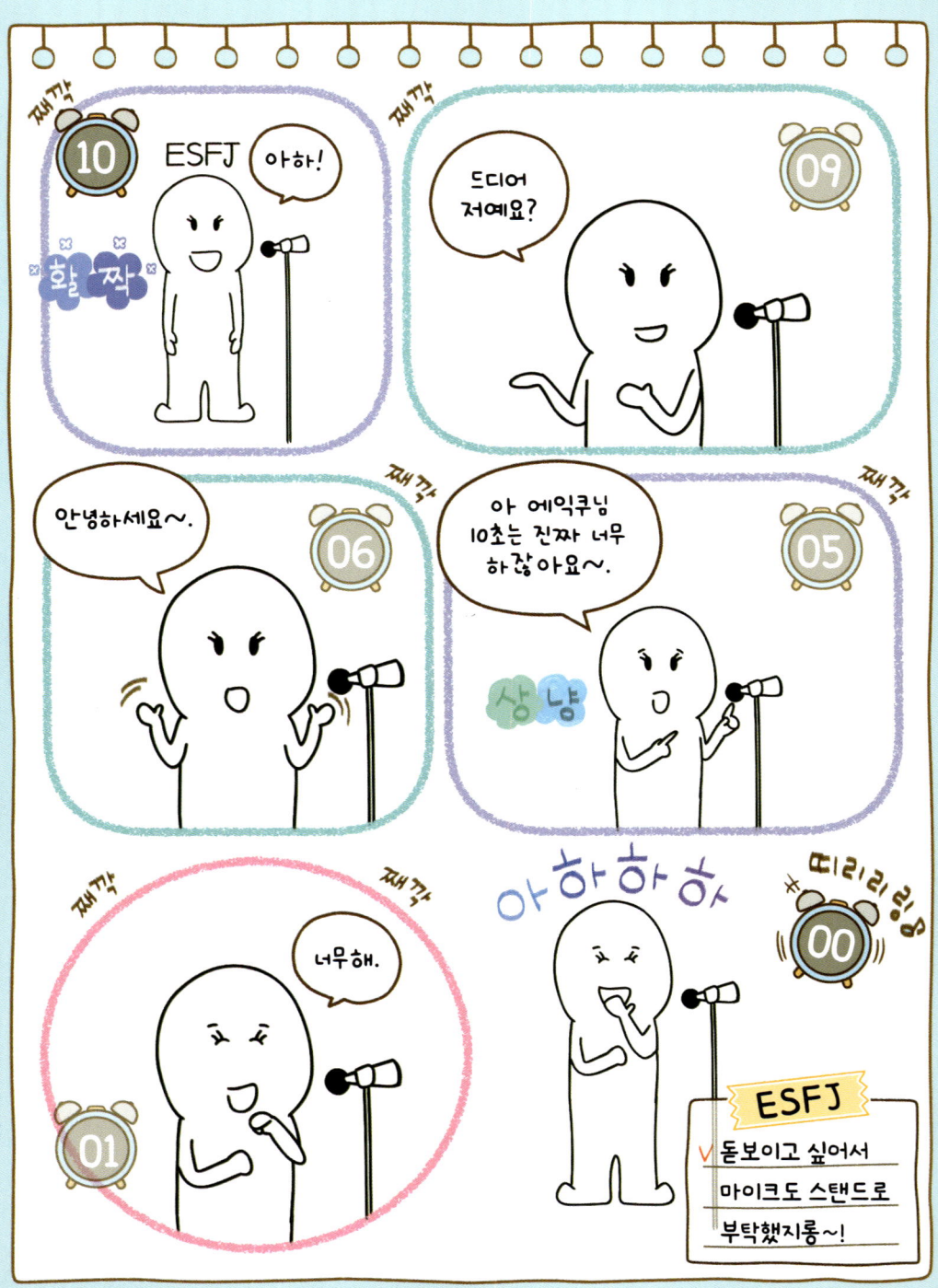

MBTI
각양각색 등굣길

학교 등교 시간은 8시 30분부터 9시까지예요.

학교에 누가 가장 먼저 등교했을까요?

ISTJ
✓ 가장 먼저 학교에 도착했어요.

04 물망초 반의 아침 인사

물망초 반 친구들은 어떤 방법으로 인사하는 걸 좋아할까요?

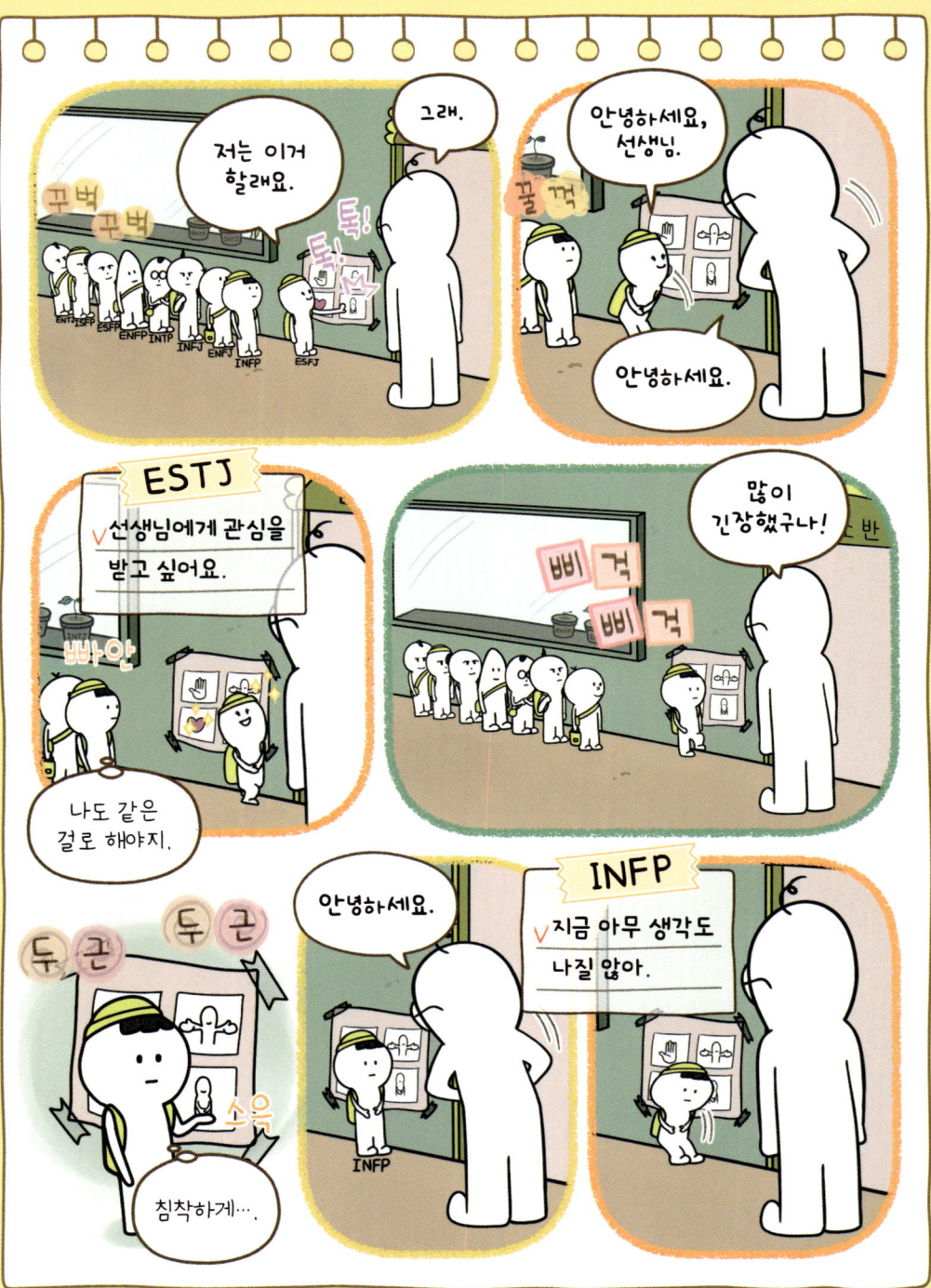

MBTI 성격 유형이란?

(Myers-Briggs Type Indicator, MBTI)

'MBTI'는 미국의 심리학자인 마이어스와 브릭스가 고안한 성격 유형 검사예요. 현재 성격 검사 중 가장 대중적인 평가 지표이며 사람의 성격 유형을 4가지 기준 지표로 나누어, 16가지로 분류한 것이 특징입니다.

성격을 표현하는 4가지 선호 지표

E 외향형
사교적, 외부 활동에 적극적, 폭넓은 대인관계, 글보단 말을 선호, 경험을 통해 이해

← 에너지의 방향 →

내향형 I
조용하고 신중, 깊이 있는 대인관계, 말보단 글을 선호, 이해한 다음 행동

S 감각형
현실주의, 오감 및 경험에 의존, 실제 경험 중시, 정확하고 꼼꼼한 일처리

← 정보 수집 →

직관형 N
이상주의, 미래지향적, 상상적, 자신만의 세계 뚜렷, 비약적인 일 처리

T 사고형
이성적, 논리적, 객관적으로 사실을 판단, 원리 원칙 중시, 진실과 사실에 관심

← 판단과 결정 →

감정형 F
사람과의 관계에 주로 관심, 감정적, 공감 중요

J 판단형
분명한 목적 지향, 기한 엄수, 계획적이고 체계적, 뚜렷한 자기 의사, 깔끔한 정리 정돈

← 생활 방식 →

인식형 P
유동적인 목적과 방향 선호, 자율적, 융통성

Q MBTI는 어떻게 만들어지나요?

자신에게 해당하는 선호 지표를 자기 성향에 맞춰 순서대로 하나씩 고르면 네 개의 연속된 글자가 만들어집니다. 예를 들면 INFP나 ESTJ처럼 말이죠. 이렇게 네 개의 이니셜이 모여 총 열여섯 가지의 성격 유형이 탄생합니다.

Q 가장 좋은 MBTI는 무엇인가요?

16가지 유형 중에는 나쁜 유형도 좋은 유형도 없어요. MBTI가 아니더라도 나란 존재는 가치 있고 개성 있는 사람이기 때문이죠. MBTI를 적절하게 활용한다면 자신의 진로 선택이나 자기 정체성을 찾는데 큰 도움이 될 거예요. 또한 나와 다른 사람의 생각과 행동의 차이점을 인정하고 이해하는 계기가 될 겁니다.

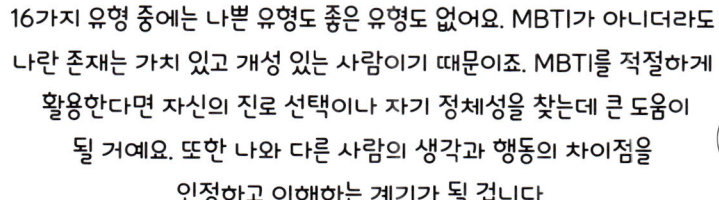

Q MBTI 검사는 정확한가요?

MBTI로 자신의 성격을 단정지으면 안 됩니다. 내향형이라고 해서 외향적인 요소가 없다고 할 수 없어요. 누구나 조금씩 여덟 가지 특성은 가지고 있습니다. MBTI 검사는 대개 공인된 검사 기구가 아니므로 너무 맹목적으로 신뢰하지 않는 것이 좋습니다. 나의 성격 유형이 궁금하다면 한국 표준화 MBTI검사 또는 전문가 상담을 통해 알아볼 수 있어요.

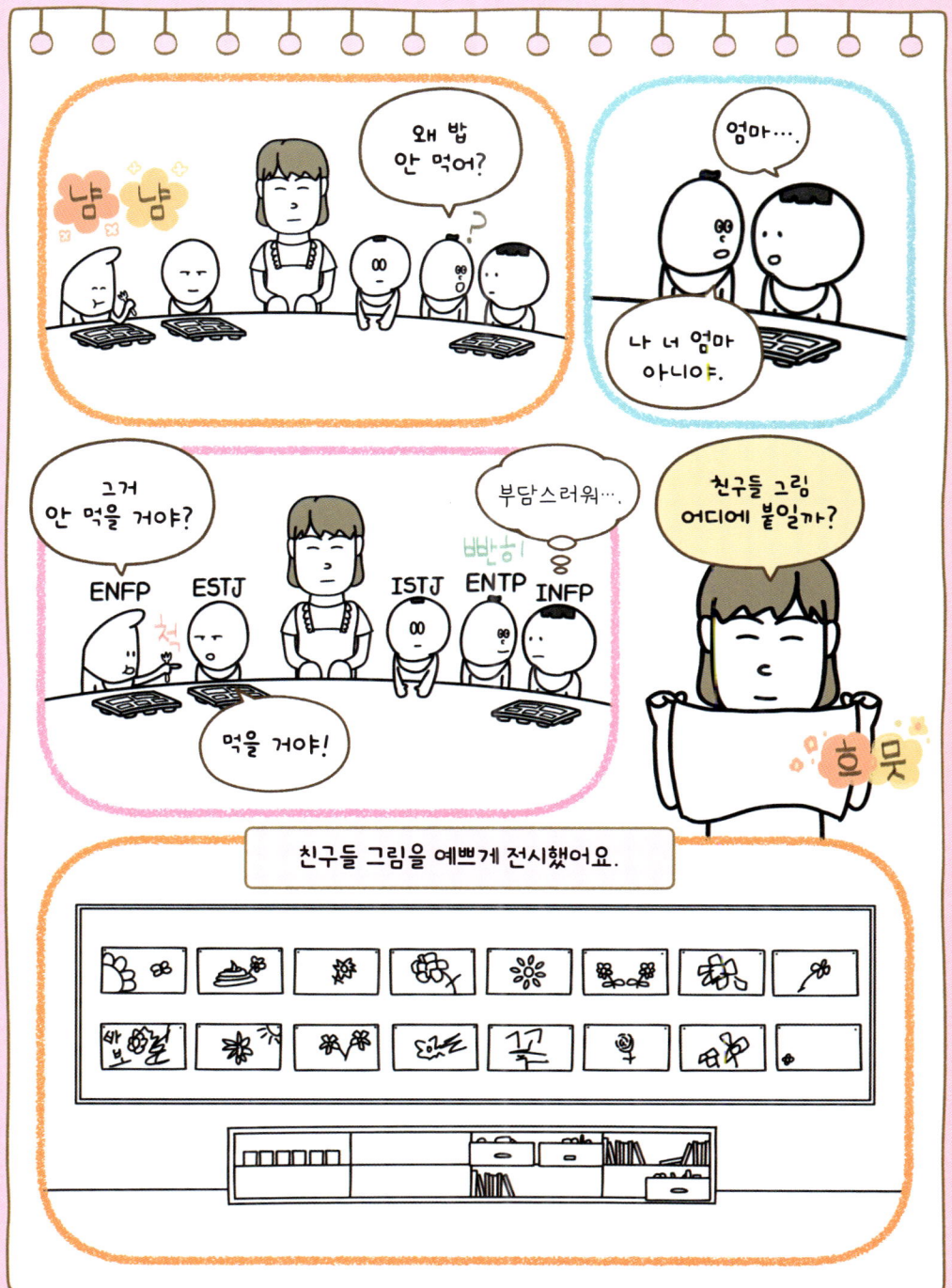

쉿! 지금은 시험공부 중

시험 기간이라 도서관에 공부하는 친구들이 많아요.

에구… 틀렸네….

히잉~ 두 번째 문제도 틀렸어.

답안지와 비교하며 꼼꼼하게 채점해요.

에익쿠 MBTI 스티커

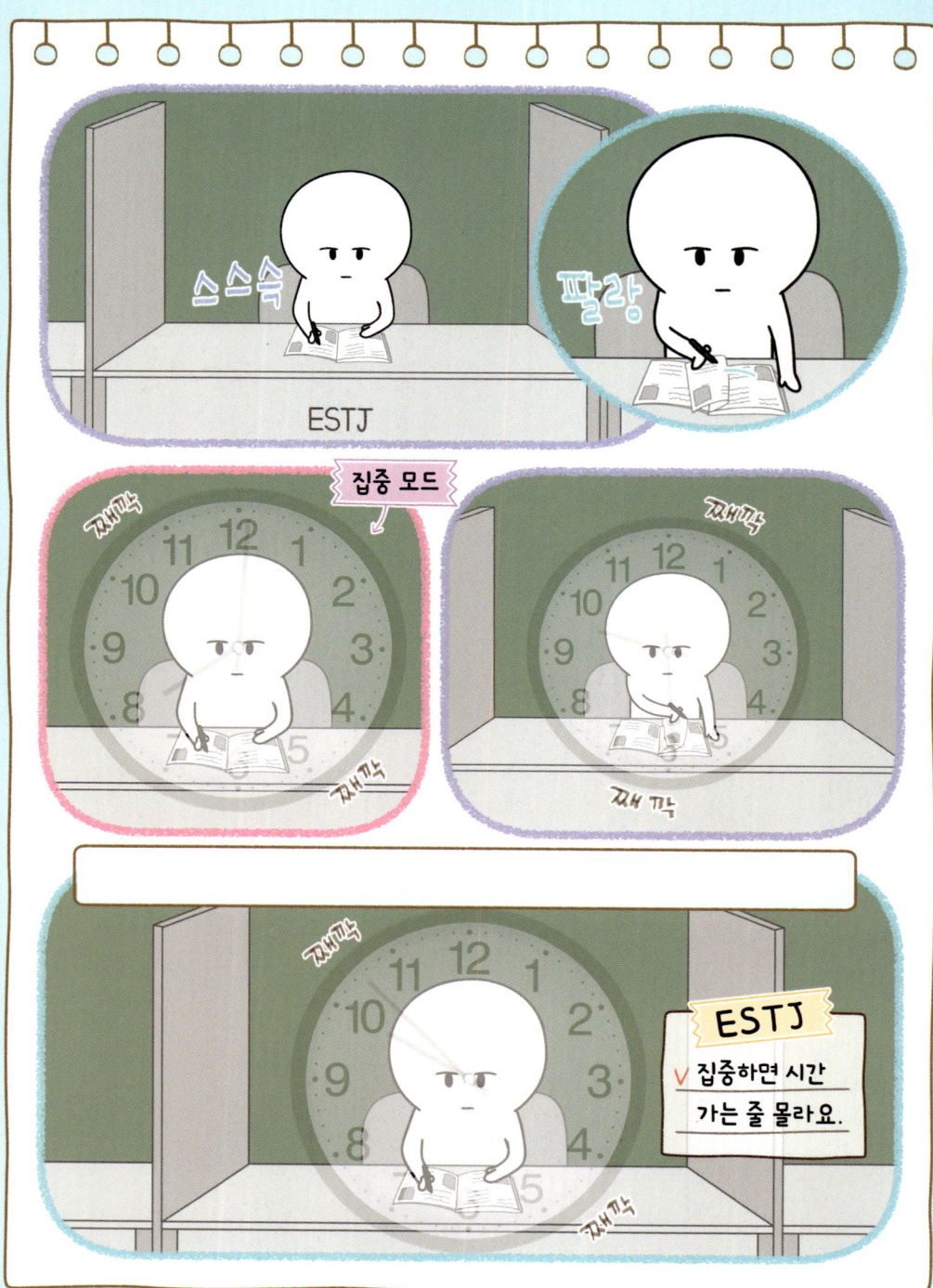

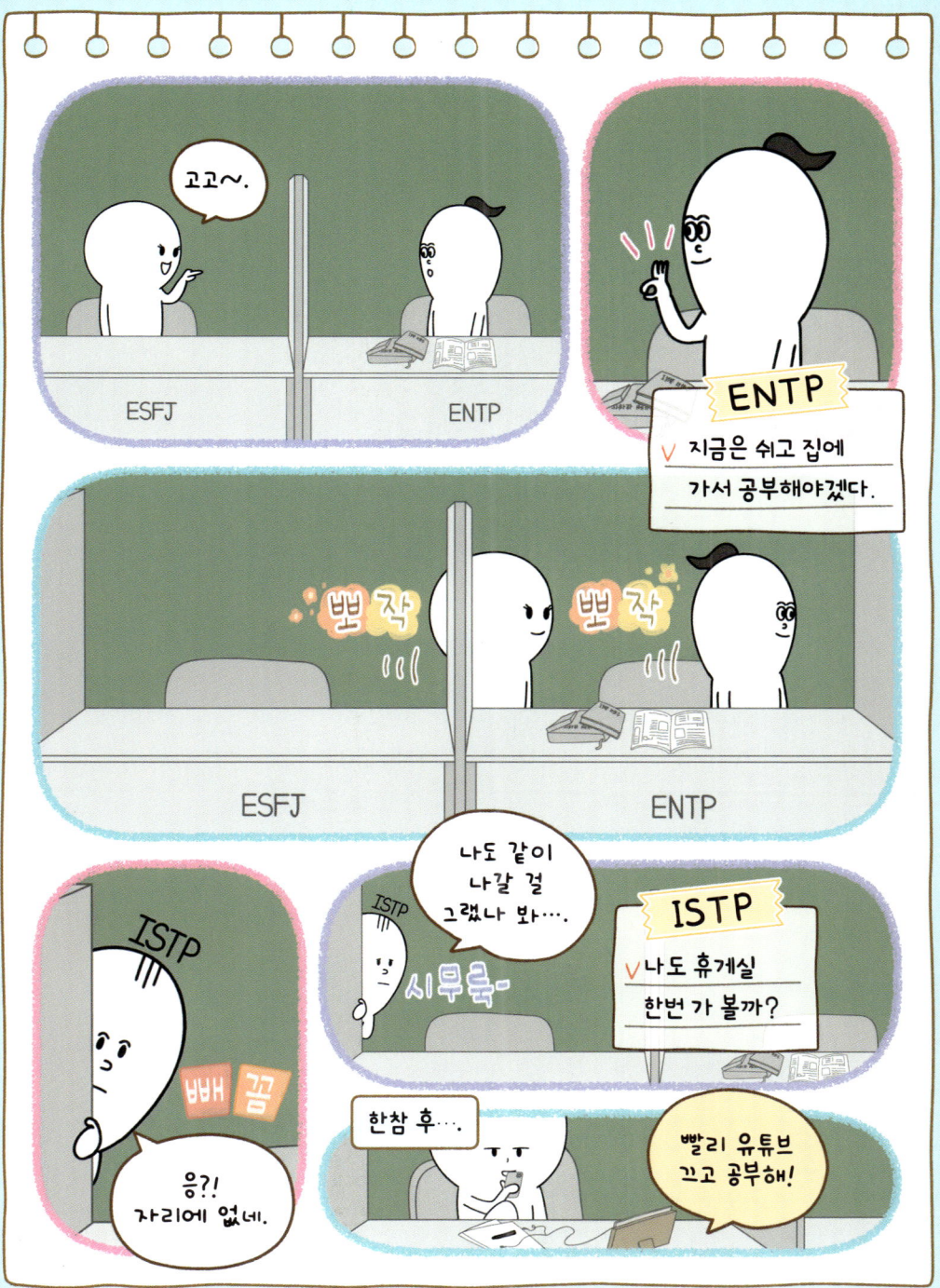

03 두근두근 시험 시간

04 재미로 보는 유형별 공부법

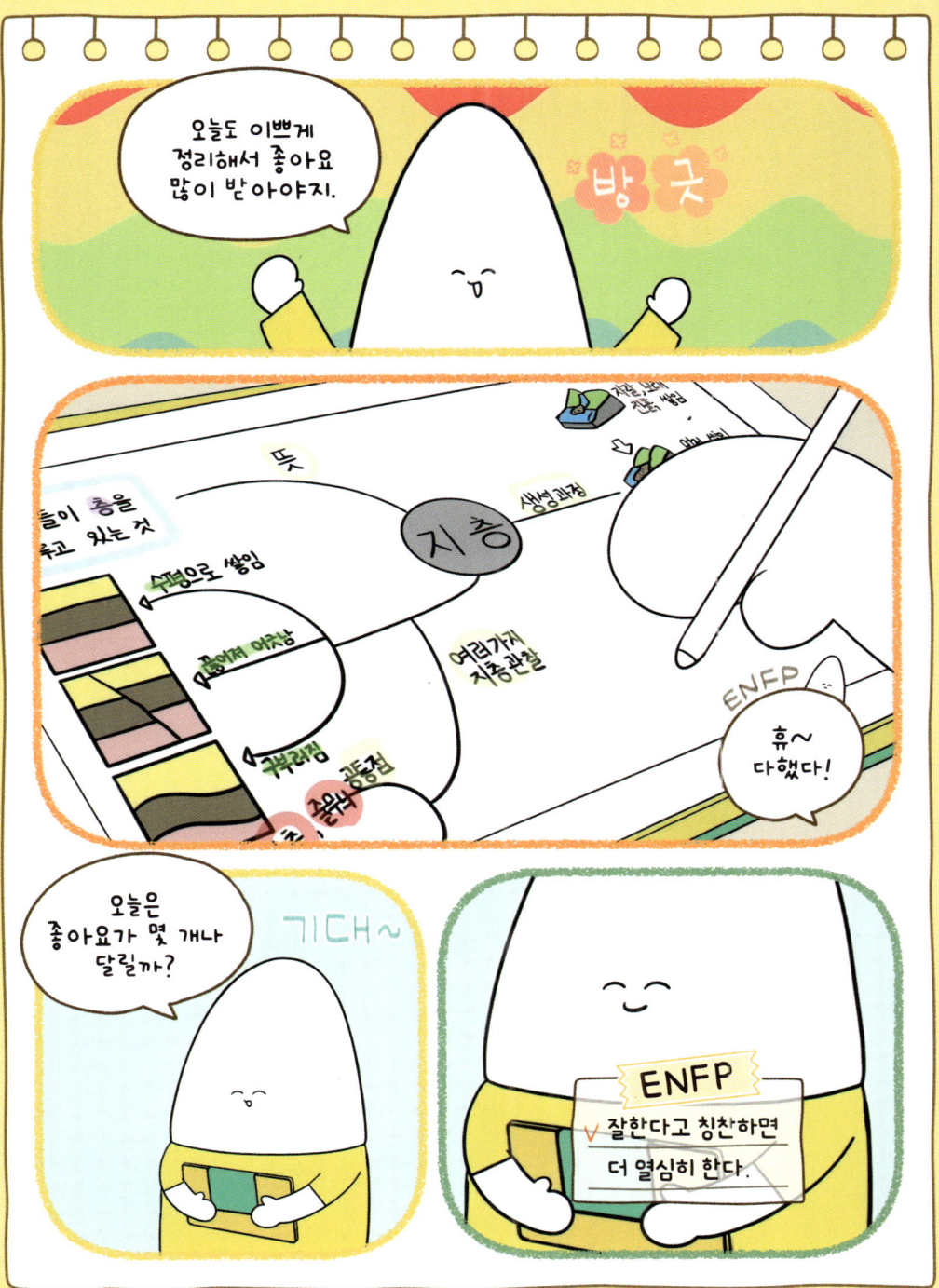

05 물망초 반의 하굣길

그러면 최강맨은?
아! 나 그거 알아!
ESFP
ENTP
INFJ
엔팁(ENTP)~ 집에 도착했어요!
달칵
ENTJ
ESFP
ENTP
INFJ
내가 내일 최강맨 카드 가져올게!
INFP
INTP
ISTJ
ENFP
기대돼.
어? 잠들었네.
엔팁이 이번엔 잊지 않고 가져올까?
ENTJ
INFJ
ENTP
INFP
INTP
ISTJ
ENFP
ENTJ
ESFP
스륵
INFJ
ENTP
엄마, 다녀왔습니다~.
ENTP
사소한 물건을 잘 잃어버리거나 약속을 잊어버려요.

MBTI별 같은 상황 다른 반응

#1. E 사이에 I가 있을 때
E와 I의 이야기

"이따 바로 조개구이 구워 먹자~."

외향형 E는 친구들과 이야기하는 걸 좋아하고 활동적이에요.

"이따 가서 쉬어야지…."

내향형 I는 주로 친구들의 이야기를 듣고 있어요. 혼자 쉬는 걸 좋아해요.

#2. 영화를 다 보고 난 후 S와 N의 이야기

"영화 구성이 정말 좋았어."

감각형 S는 자신이 보고 느낀 영화에 대한 주제만 이야기해요.

"너 만약에 말이야…."

직관형 N은 영화에 대한 풍부한 감상과 꼬리에 꼬리를 무는 상상을 하게 됩니다.

#3. 만들어 준 쿠키가 너무 달 때 T와 F의 이야기

"다음에는 설탕 좀 덜 넣자."

사고형 T는 정확한 맛 평가와 해결 방법으로 친구가 맛있게 만들 수 있길 바라요.

"달달하고 맛있어~."

감정형 F는 친구의 마음을 먼저 읽어주고 칭찬을 하며 기운을 북돋아 줘요.

#4. P&J가 여행갈 때
P와 J의 이야기

"거긴 너무 멀어.
대신 여기는 가까워."

판단형 J는 계획에 맞춰 효율적으로
움직여요. 계획이 바뀌는 걸
힘들어해요.

"알아서 해~. 난 따라갈게."

상황을 판단하는 인식형
P는 일정이 자유롭게 바뀌어도
마음이 내키면 괜찮아요.

01 즐거운 급식 시간(1)

02 즐거운 급식 시간(2)

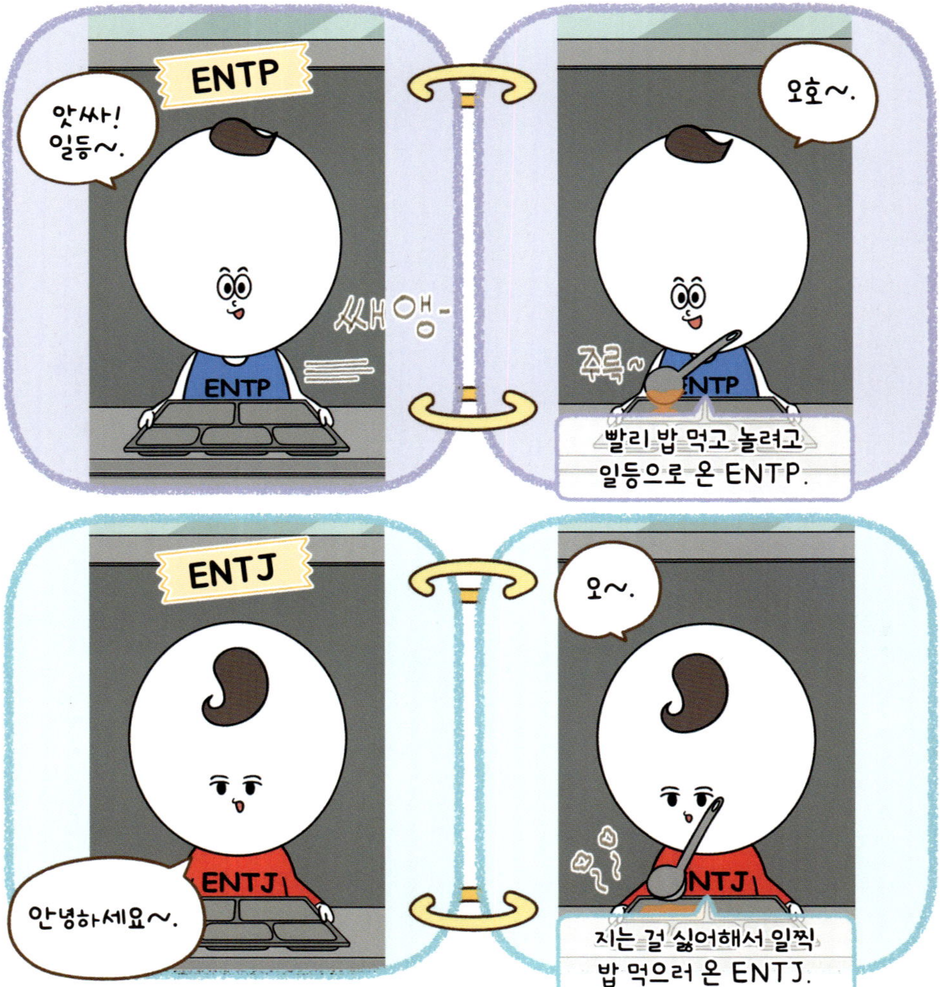

ENTP
앗싸! 일등~.
쌔앵-

오호~.
주륵~
빨리 밥 먹고 놀려고 일등으로 온 ENTP.

ENTJ
안녕하세요~.

오~.
지는 걸 싫어해서 일찍 밥 먹으러 온 ENTJ.

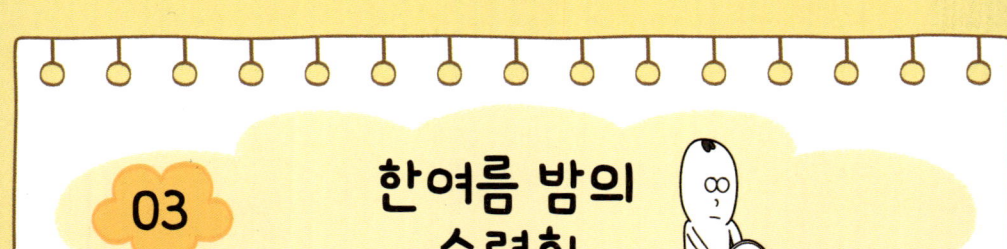

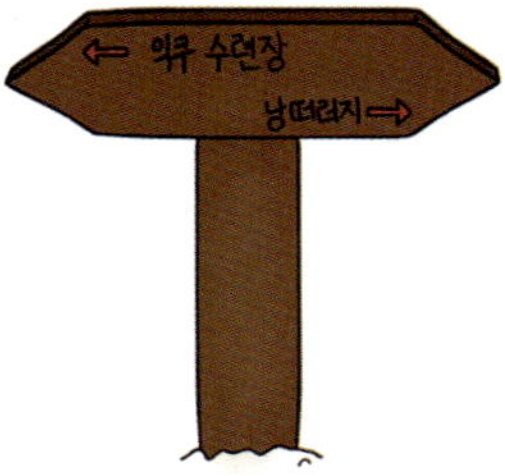

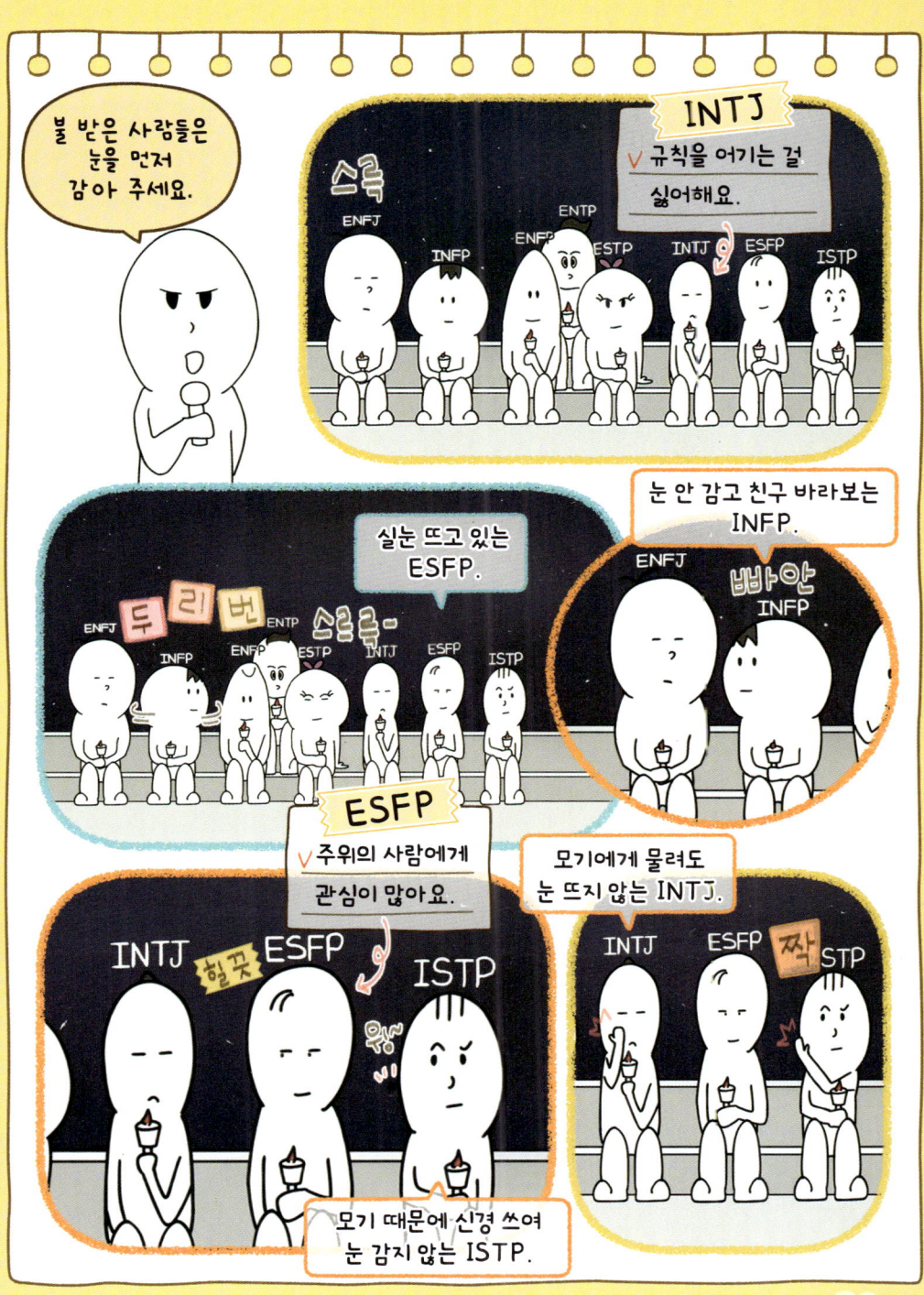

04 방과 후 또 와 분식집

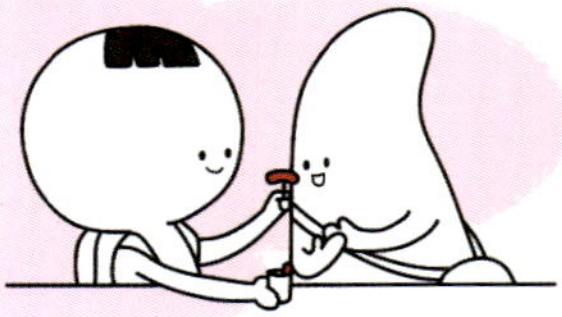

05 Trick or treat
핼러윈 데이

06 N끼리만 모였을 때

07 우리들의 단체 사진

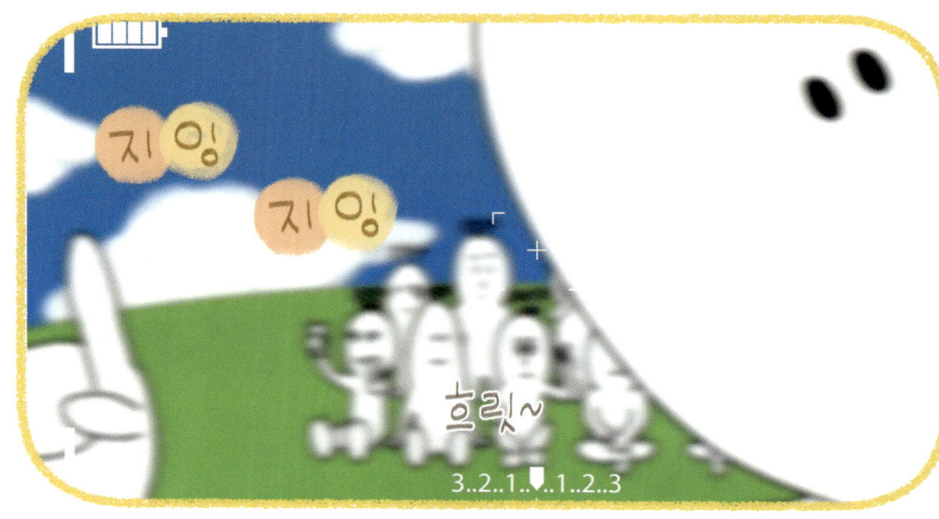

에익쿠 MBTI 공감 Shorts

#1. MBTI별 주의 사항

*나르시시즘: 자기 자신을 사랑하고, 자신을 훌륭하다고 여기는 일.

#2. MBTI유형별 안 믿어 주는 것

공감 댓글 인팁도 울고 웃고 한다구요!

공감 댓글 인프피 매일 착하다는 소리 듣는데 ㅜㅜ 절대 아닙니다.

공감 댓글 엔프피라고 늘 즐겁지 않아요! 속상한 걸 알아 주세요.

에익쿠 MBTI 친구들 소개

ISFP

- 안녕? 나는 호기심 많은 잇프피야.
- 여름에 에어컨 틀고 이불 속에 누워서 유튜브 보는 걸 좋아해.
- 강요하는 거 싫어 잔소리 NO!
- 겨울에 전기장판 틀고 귤 먹는 것도 좋아해!
- 엔프제(ENFJ)랑 친해~.

ESTJ

- 안녕? 내 이름은 엣티제.
- 일 처리 제대로 못 하는 사람 싫어.
- 남들이 좋아하는 건 일반적으로 다 좋아.
- 어... 잇팁(ISTP)이야.

ESFJ

- 안녕? 나는 친구들 중에 가장 귀여운 엣프제야.
- 친구들과 대화하는 거 좋아해!
- 나는 예의바른 게 좋아.
- 난 잇프피(ISFP) 맘에 들던데~.

ENTP

- 나는 엔팁이야~.
- 인티제(INTJ)랑 친해.
- 토론 이기는 거 좋아해.
- 세상에 궁금한 게 많아.

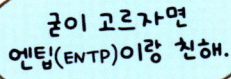

INTJ

- 안녕? 나는 인티제야.
- 공부하는 걸 좀 좋아해.
- 굳이 고르자면 엔팁(ENTP)이랑 친해.
- 미래가 확실하고 계획적인 게 좋아.

신BTI 웨하스

최애와 나의 성향은 얼마나 일치할까?

신BTI AR카드 12종 다 모아 봐~

궁금궁금, 내 최애 캐릭터 성향이 알고 싶어

두근두근, 밸런스 게임을 통해 알아볼까?

신BTI 웨하스 카드 사용방법

1. XAR 앱을 설치합니다.
2. 어플을 켜고, 핸드폰 카메라로 카드를 스캔합니다.
3. 밸런스 게임을 즐기다 보면, 최애와 나의 성향이 얼마나 일치하는지 결과를 알 수 있어요!

직접 설치하는 방법

QR로 입장하는 방법

© CJ ENM Co., Ltd. All Rights Reserved

잊지 못할 크리스마스를 선물하세요!

〈특별 선물〉 미니 카드

값 13,000원

뚜식이와 **옐언니**, **급식걸즈**, **최케빈**과 **슈뻘맨**까지!
도티 산타, **싸이클**과 함께 설렘을 선물하세요!

도티TV, ©SANDBOX NETWORK. 구입 문의 02-791-0708(출판마케팅) 서울문화사